CELEBRATE! IT'S CINCO DE MAYO!

¡CELEBREMOS! ¡ES EL CINCO DE MAYO!

WRITTEN BY · ESCRITO POR **Janice L**████████

ILLUSTRATED BY · ILUSTRATIONES POR **Loretta López**

SPANISH TRANSLATION BY · TRADUCIDO AL ESPAÑOL POR **Miguel Arisa**

Library of Congress Cataloging-in-Publication Data

Levy, Janice.
Celebrate! It's cinco de mayo! = ¡Celebremos! ¡Es el cinco de mayo! / written by Janice Levy ;
illustrated by Loretta Lopez ; translated by Miguel Arisa.
p. cm.
ISBN-13: 978-0-8075-1176-3 (hardcover)
ISBN-13: 978-0-8075-1177-0 (pbk.)
1. Cinco de Mayo (Mexican holiday)—Juvenile literature. 2. Mexico—Social life and customs—Juvenile literature.
3. Cinco de Mayo, Battle of, Puebla, Mexico, 1862—Juvenile literature. I. Lopez, Loretta, 1963-   .
II. Arisa, Miguel, 1947-   . III. Title. IV. Title:
¡Celebremos! ¡Es el cinco de mayo!
F1233.L68 2006 394.262—dc22 2006024234

The design is by Carol Gildar.

For more information about Albert Whitman & Company,
please visit our web site at www.albertwhitman.com.

To Rick, with all my love.—J.L.

For my brothers:
Edmundo the soldier and Gilberto the charro, who helped me
with this book and so much more—Abrazos.—L.L.

A Rick, con todo mi amor.—J.L.

A mis hermanos, Edmundo el soldado y Gilberto el charro,
quienes me ayudaron con el libro
y mucho más—Abrazos.—L.L.

It's Cinco de Mayo!

¡Es el cinco de mayo!

Let's celebrate!

¡Vamos a celebrar!

Mama marches in the parade.

Mamá marcha en el desfile.

Papa plays in a mariachi band.

Papá toca en una orquesta de mariachis.

Abuelita cooks a special meal.
It's Cinco de Mayo!
It's the fifth of May!

Abuelita prepara una comida especial.
¡Es el cinco de mayo!

Abuelito tells the story of what happened long ago.
"Mexico owed France money.
'Pay up!' said the ruler of France.

Abuelito cuenta la historia de
lo que pasó hace mucho tiempo.
"Méjico le debía dinero a Francia.
¡Paguen!' dijo el gobernante
de Francia.

'But my country is poor,' said
the president of Mexico.
'I need the money to help my people.'
The ruler of France got angry!

'Pero mi país es pobre,' dijo el
presidente de Méjico. 'Necesito
el dinero para ayudar a mi gente.'
¡El gobernante de Francia se enfureció!

If you were the ruler of
France would you get
angry?

He sent his army to take over Mexico.
On May 5, 1862, there was a battle in the city of Puebla.
'Our army is big,' said the French soldiers. 'We have better weapons.'

Mandó su ejército a invadir Méjico.
El 5 de mayo de 1862 tomó lugar una batalla en la ciudad de Puebla.
'Nuestro ejército es grande,' dijeron los soldados franceses.
'Nosotros tenemos mejores armamentos.'

'We are brave,' said the Mexicans.
'We will not give up!'

'Somos valientes,' dijeron los mejicanos.
'¡No nos rendiremos!'

General Zaragoza had an idea.
He let loose a herd of cattle.
The cattle chased the French soldiers.

Al General Zaragoza se le ocurrió una idea.
Dejó soltar una manada de ganado.
El ganado espantó a los soldados franceses.

Then it began to rain!
The soldiers fell in the mud.

¡Entonces empezó a llover!
Los soldados se cayeron en el fango.

They slid down the hills.

Se resbalaron cuesta abajo.

"That's why we celebrate Cinco de Mayo," Abuelito says.

"Por eso es que celebramos el cinco de mayo," Abuelito dice.

Linda dances on a stage.   Linda baila en un escenario.

Carlos breaks a piñata.   Carlos rompe una piñata.

I wave the Mexican flag.
It's Cinco de Mayo!

Yo ondeo la bandera méjicana.
¡Es el cinco de mayo!

Let's celebrate.
¡Viva Mexico!

Vamos a celebrar.
¡Viva Méjico!

It's Cinco de Mayo! The Lopez family wants to celebrate.
But some things are missing. Can you help?

What is missing from Mama's parade?

¡Es el cinco de mayo! La familia López quiere celebrar.
Pero hay muchas cosas que faltan. ¿Puedes prestar ayuda?

¿Qué le falta al desfile de Mamá?

(the eagle and the snake/el águila y la serpiente)

What is missing from the mariachi band?

¿Qué le falta a la orquesta de mariachis?

(the horn/la corneta)

What is missing from Abuelita's table?

¿Qué falta en la mesa de Abuelita?

(the basket of tortillas/la cesta de tortillas)

What is missing from the stage?   **¿Qué falta en el escenario?**

(the hat/el sombrero)

What is missing from Carlos's face?

¿Qué le falta a la cara de Carlos?

(the bandana/el pañuelo)

What is missing from the Mexican flag?   **¿Qué le falta a la bandera mejicana?**

(the eagle and the snake/el águila y la serpiente)

A Maraca to Shake

You will need:

- 1 empty plastic water or soda bottle, with cap
- 1 handful of dried beans, uncooked rice, or popcorn kernels
- scissors*
- green, white, and red paper
- markers, crayons, or colored pencils
- glue
- green, white, and red ribbons or yarn

Bottle

scissors

Beans

Glue

Yarn

Ribbon

Paper

Markers

Make your maraca:

1. Cut strips of colored paper about 2" wide and 10" long.
2. On the white piece of paper, write "VIVA MEXICO!"
3. Glue the strips around the bottle.
4. Drop a handful of beans, rice, or kernels into the bottle and screw the lid on tight.
5. Tie ribbons or yarn around the top of the bottle.
6. Shake! It's party time!

Maracas

A Serape to Wear

You will need:

- 1 large brown paper bag
- scissors*
- hole punch
- markers, colored pencils, or crayons
- green, white, or red ribbon or yarn.

Crayons

Hole Punch

Make your serape:

1. Cut up the seam on the back of the bag all the way to the bottom.
2. Cut a circle shape in the bottom of the bag (this is the neck hole).
3. Cut a slit up each side of the bag (this is where your arms will go through).
4. Use your scissors to cut fringe at the bottom.
5. Punch holes along the bottom of the bag and tie yarn through each hole.
6. Color the bag with Mexican symbols.

*Remember to ask a grown-up to help you when using scissors.

Serape

You

Bag

Una maraca para agitar

Botella

Estambre

Pegamento

Cinta

Vas a necesitar:

- 1 botella de agua o de soda vacía, con la tapita
- 1 puñado de frijoles secos, arroz, o granos de palomitas de maíz, todos sin cocinar.
- tijeras*

- papel verde, blanco, y rojo
- marcadores, creyones, o lápices de colores
- pegamento
- cintas o estambre verde, blanco, y rojo.

ras

Papel

Marcadores

Para hacer la maraca:

1. Corta tiras de papel de colores de aproximadamente 2 pulgadas de ancho y 10 pulgadas de largo.
2. Escribe "¡VIVA MEJICO!" en el pliego de papel blanco.
3. Pega las tiras alrededor de la botella.
4. Echa un puñado de frijoles, arroz, o granos de palomitas de maíz en la botella y enrosca la tapa hasta que quede apretada.
5. Ata las cintas o estambre alrededor del cuello de la botella.
6. ¡Agítala! ¡Hora de la fiesta!

Frijoles

Maracas

Un sarape para ponerte

Vas a necesitar:

- 1 bolsa grande de papel de envalar
- tijeras*
- perforador de agujeros

- marcadores, creyones, o lápices de colores
- cintas o estambre verde, blanco, y rojo

Creyones

Sarape

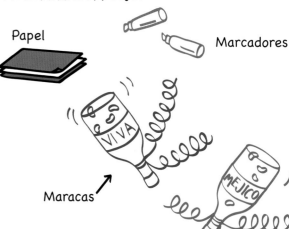

Para hacer un sarape:

1. Corta el ribete en la parte posterior de la bolsa a todo lo largo hasta el fondo.
2. Corta una forma circular en la parte de abajo de la bolsa (ésta va a ser la apertura para el cuello).
3. Rasga una apertura en cada lado de la bolsa (por donde vas a meter tus brazos).
4. Usa las tijeras para cortar flecos en la parte de abajo de la bolsa.
5. Perfora un agujero encima de los flecos y ata la cinta o el estambre a través de cada agujero.
6. Colorea la bolsa con símbolos mejicanos.

*No te olvides de pedirle ayuda a un adulto cuando estés usando las tijeras.

Usted

Bolsa
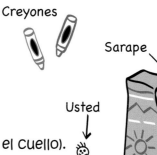

Cinco de Mayo, the fifth of May, honors the victory of the Mexican army over the French at the Battle of Puebla on May 5, 1862. At that time, the government of Mexico, under President Benito Juarez, owed money to France. The French emperor, Napoleon III, wanted his money, but he also wanted to conquer Mexico. French troops captured the port of Veracruz in December 1861, then headed to the capital, Mexico City. The Mexican forces, under General Ignacio Zaragoza, met them in Puebla, to the east of Mexico City.

The Mexicans, fighting along with Zacapoaxtla and Xochiapulco Indians, were outnumbered and poorly armed. Still, they fought back hard. Many French soldiers were killed, and the army retreated. But although they won this battle, the Mexicans did not win the war. Mexico remained under French occupation until 1866. Historians believe that even during this time, Cinco de Mayo was celebrated.

The battle of Puebla came to symbolize Mexican patriotism and unity. Today, in Mexico and in Mexican-American communities, celebrations include Mexican foods, parades, folk dancing, and mariachi music. A popular refrain is *¡Sí, se puede!* which means "Yes, it can be done!"

El cinco de mayo se conmemora la victoria del ejército mejicano en la Batalla de Puebla contra los franceses el 5 de mayo de 1862. Para esa época, el gobierno de Méjico, cuyo presidente era Benito Juárez, le debía dinero a Francia. El emperador francés, Napoleón III, quería cobrar lo que se le debía a su país, pero a la misma vez quería conquistar a Méjico. Las tropas franceses capturaron el puerto de Veracruz en diciembre de 1861. De ahí siguieron adelante hasta la capital, la Ciudad de Méjico. Las fuerzas mejicanas, bajo el mando del General Ignacio Zaragoza, se enfrentaron con las francesas en Puebla, al este de la Ciudad de Méjico.

Los franceses superaban en número a los mejicanos, que estaban peor armados, los cuales lucharon junto a indios Zacapoaxtlas y Xochiapulcos. Muchos soldados franceses murieron en la batalla y su ejército tuvo que retroceder. Aunque los mejicanos ganaron esta batalla, no ganaron la guerra. Méjico quedó bajo ocupación francesa hasta el 1866. Los historiadores creen que hasta durante este período los mejicanos celebraban el cinco de mayo.

La batalla de Puebla llegó a simbolizar el patriotismo y la unidad mejicana. Hoy en día, en Méjico y en las comunidades mejicano-americanas de los Estados Unidos, las celebraciones incluyen comidas mejicanas, desfiles, bailes folklóricos, y música mariachi. Un refrán popular es *¡Sí, se puede!* que quiere decir, "Yes, it can be done!"